U0813589

中华中医昆仑

韩百灵学术评传

张镜源◎主编

中国盲文出版社

图书在版编目（CIP）数据

韩百灵学术评传（大字版）/ 张镜源主编. —北京：中国盲文出版社，2015.12

（中华中医昆仑）

ISBN 978-7-5002-6778-2

Ⅰ. ①韩…　Ⅱ. ①张…　Ⅲ. ①韩百灵（1909～2010）—评传　Ⅳ. ①K826.2

中国版本图书馆 CIP 数据核字（2015）第 314904 号

韩百灵学术评传

主　　编：张镜源
责任编辑：顾　盛
出版发行：中国盲文出版社
社　　址：北京市西城区太平街甲 6 号
邮政编码：100050
印　　刷：北京华联印刷有限公司
经　　销：新华书店
开　　本：700×1000　1/16
字　　数：42 千字
印　　张：6.5
版　　次：2015 年 12 月第 1 版　2016 年 3 月第 2 次印刷
书　　号：ISBN 978-7-5002-6778-2/K·417
定　　价：12.00 元
销售服务热线：（010）83190297　83190289　83190292

版权所有　侵权必究　　　**印装错误可随时退换**

丛书编委会

总顾问 顾秀莲 热地 郑万通 王国强
胡振民 柳斌杰 万季飞 周和平
宋海 何界生

顾问 于己百 王永炎 王孝涛 王宝恩
邓铁涛 石学敏 朱良春 刘志明
许润三 孙光荣 李寿山 李经纬
李辅仁 吴伟 吴咸中 何任
余瀛鳌 张琪 张代钊 张伯礼
张学文 陈士奎 陈可冀 陆广莘
苗新凤 金世元 周仲瑛 周兴俊
周霭祥 赵冠英 费开扬 高思华
唐由之 程莘农 路志正 颜德馨

主任 张镜源 佘靖 白庚胜

副主任 于文明 卫中 王炼 王国辰
王承德 王晓民 元哲颖 刘彦龙
李大宁 李功韬 李建军 李俊德

	李振吉	杨　钊	杨　勋	何伟诚
	苑　为	周建良	房书亭	赵克忠
	胡小林	姜在旸	修成娟	姚振华
	贺兴东	徐建中	梅　伟	崔晓浔
	蒋　健	谢秉臻		
编　委	王中华	王汉智	邓耀华	陈伟能
	周汉智	郑仁瑞	董栋华	
主　编	张镜源			
总编审	王　立	伊广谦	刘南燕	牟国胜
	李佐丰	吴石忠	汪兆骞	张年顺
	张瑞贤	陈金华	呼素华	孟庆云
	施宝华	梁星乔	傅　芳	靳　琦
	鲁兆麟			
编　审	尹龙元	红　柳	孙雁行	李　岩
	李　越	李占永	宋　倩	张　浩
	陈宏玢	黄　健	崔　宇	鲍国威
编务人员	王　悦	刘　伟	李淑荣	周逢春
	张　媛	赵祥龙	顾秀玲	常东晗

前　言

中医药是中华民族的伟大创造，是世界医学宝库中的夺目瑰宝，数千年来为中华民族的繁衍昌盛作出了巨大的不可磨灭的贡献，至今仍是中国医药卫生事业不可分割的重要组成部分，在维护民族体魄康健、促进经济社会发展中发挥着不可替代的作用。

中医药学，是中华传统文化和科技文明的结晶，是勤劳聪慧的中华儿女在几千年生产生活实践中，在与疾病作斗争的过程中，创造的独具特色的医学科学体系。它有着浓郁的民族特色、深厚的文化底蕴和丰富的哲学内涵。经过一代又一代中医药传人、一辈又一辈名医大家的实践探索、薪火传承、总结完善、创新发展，逐步形成了系统的理论体系、独特的诊疗方法、丰富的医学内容、实用的制药技术。具有疗效确切、用药安全、应诊灵活、普适简廉和预防保健作用显著的巨大优势，在世界医学之林独树一帜，为人类的文明进步与医疗保健事业，已经并正在作出积极的贡献。

为了弘扬中华民族传统文化，彰显中医药学家的丰功伟绩，当代中医药发展研究中心与中国文学艺术界联合会、国家中医药管理局新闻办公室、中华中医药学会、中国中医科学院、北京中医药大学、世界中医药学会联合会等精诚合作，在国家中医药管理局的支持和指导下，为中华近现代百年来贡献卓著、深受敬仰的150位中医药学家，编撰出版了这部大型传记丛书。丛书采用评传体裁，记载他们的生平事迹、医术专长、学术思想、传承教育、医风医德、养生之道和突出贡献，使这些宝贵的医学成就和精神财富发扬光大，千古流芳。

从书取名《中华中医昆仑》。昆仑山，被尊为“万山之祖”，柱西北而瞰东南，立中国而凭世界，凌驾乾坤，巍然屹立。以其高峻豪迈、绵延起伏的磅礴气势，寓意中华中医药学历史悠久、博大精深和永不衰竭；以其挺拔雄伟、高耸入云的恢弘气魄，彪炳一代中医药学家的丰功伟绩、杰出贡献和不朽勋业。

丛书入选传主，从全国范围推荐遴选，遍及中医药界各个领域。有临床家、理论家、药学家、教育家、医史文献学家；有名师亲授、世医家教、学派传人、院校毕业和自学成才者；有师徒并驾、父子齐名和伉俪联袂者。他们学术造诣深厚、诊疗技术精湛、临床经验丰富、学科地位崇高、科研成果丰硕、医风医德高尚、国内外影响较大，从医学理论到临床实践，为中医药事业的传承和发展作出了突出贡献，是近现代百年来中华中医药界的杰出代表。

丛书的出版，对于弘扬中华文化，振兴中医药事业，造就中医药人才，普及中医药知识，具有重要的现实意义和深远的历史意义。这是一项开创性工作，填补了我国为著名中医药学家大规模撰写传记的空白；也是一项抢救性工作，因入选传主已仙逝过半，许多亲历、亲见、亲闻的史料日见散逸，将之收集整理、编撰成书，功垂后世、利国利民；更是一项承前启后的工作，总结传主经验，传承中医药伟业，继往开来，光耀世界医学之林。这部医文结合，富蕴历史性、学术性、文学性和实用性的鸿篇巨制，对医疗、卫生、科研、教育及全球关注中华中医药文化的各界人士，都有重要的参考和阅读价值。

丛书的编撰出版，是一项巨大的中医药文

化建设工程，在策划、撰写、编辑、出版过程中，自始至终得到了国家有关领导、政府部门及社会各界人士的关心和支持。国家中医药管理局高度重视，并组织专家对全书进行终审；数百名专家、学者亲临指导，参与规划；有关省、市、自治区卫生厅、局、中医局（处）给予大力帮助；传主及其亲属、弟子热情支持、密切配合；撰稿人深情满怀、辛勤笔耕；编审专家尽心竭力、精工细琢；关爱中医药事业的企业家热心公益、慷慨资助；全体工作人员不辞辛劳、无私奉献，这一切使丛书得以顺利出版。对此，我们深表谢意。

由于时间紧迫和资料搜集困难，加之水平有限，难免有疏误之处，敬请广大读者批评指正。

中华中医药学，历史悠久，源远流长，发端于远古，奔向于未来。百年对于历史，不过是短暂的瞬间；百人对于万众，不过是沧海一粟。然本丛书所记载的百年百人，则无疑是波澜壮阔的中医药发展史上辉煌的篇章和光芒闪烁的璀璨星辰。

张镜源

目录

医之基，在习文；医之精，在于勤。

——韩百灵

韩百灵（1909—2010），于 1909 年 9 月 24 日出生在辽宁省台安县一个普通的中医世家。著名中医学家，当代“妇科八大家”之一，中国现代百名中医临床家之一，我国首批中医界教授之一，首批中医妇科界硕士、博士研究生导师，教育部、国家中医药管理局首批国家级重点学科——黑龙江中医药大学中医妇科学科创始人，首批全国老中医药专家学术经验继承工作指导老师，享受国务院政府特殊津贴，曾两次被评为全国卫生文明先进工作者，多次荣获省、市先进工作者和优秀教师等光荣称号。

韩百灵业医 80 余载，一直致力于中医临床、教学、科研工作，为弘扬岐黄大业，躬身实践，辛勤耕耘，倾注了毕生的心血。韩百灵有着深厚的理论基础和丰富的临床经验，医术精湛，通晓内、外、妇、儿各科，在妇科方面更是建树非凡，治愈了许多疑难病症，深受广大患者的赞誉。20世纪80年代他就重视“因材施教”的教育原则，并于1989年获黑龙江省教育厅教学成果一等奖。他在学术上尊崇并发挥了“肝肾学说”，发展了“同因异病，异病同治”的理论。发表学术论文60余篇，著有《百灵妇科》、《百灵临床辨证》、《中医妇产科学》、《中西医结合妇产科防护学》、《百灵论文集》等11部中医著作，并将其诊治不孕症和崩漏的治疗经验开发为计算机专家诊疗系统，以易于推广和使用。同时，自创经验方50余首，运用于临床。其代表方剂“育阴汤”、“百灵调肝汤”已被选入全国统编教材《中医妇科学》。耄耋之年还亲自主持国家科研课题，获省部级科研成果奖多项。由于医、教、研成绩斐然，在其业医 65 周年之际，黑龙江省教育厅为他颁发了“育人功崇，济世德隆”的牌匾。其成就在中医学界影响深远，被同行专家誉为“杏林医柱”。

少年立志　攻读岐黄

韩氏家族祖居云南，明末清初移民到东北，为四代世医之家。祖父韩儒林，知书达理，通医术。父亲韩殿一，承家传医术，行医故里，声名远播。母亲刘氏，略通诗文，且记忆力惊人，并乐善好施，克勤克俭。父母养育兄妹 9 人，韩百灵排行在七，取名秀钟。

长兄秀实比秀钟大十多岁，读过私塾，拜过名医，为人耿直，才思敏捷，执医不久就名声渐噪。父兄是秀钟习文学医的启蒙老师。秀钟 8 岁就读私塾，之后每逢节假期间，父兄即携他应诊，还常与他吟诗对句，以此为乐。

母亲常以孔孟之道教子，循循善诱，约束

极其严格。见长子秀实和七子秀钟比较聪明，母亲便期冀长子业医，而希望秀钟求仕，以光宗耀祖。因此，对秀钟要求更高，常常亲自督察学业，或考诵“四书五经”、唐诗宋词，或督练书法。有时母亲还教他一些家务活和力所能及的农活。更多的时间则是讲古论今，教育他长大要有所作为。“头悬梁”、“锥刺股”的典故从小就牢记在秀钟的心中。母亲常告诫他：“梅花香自苦寒来”；“求学事大，体健为本”。由于母亲的教诲，秀钟在少年时代，古人的“天将降大任于斯人也”等思想就已铭记在心，影响极深。

秀钟在启蒙之时，先习《三字经》、《百家姓》，继习《论语》、《左传》、《公羊传》、《谷梁传》等文化经典，很多都能背诵。虽是学业优秀，仕途可及，但他每见父兄为患者治病，目睹病人痛苦之状，耳闻病人呻吟之声，同情之心便油然而生。而此时正值国难当头，民不聊生，无数人死于疾病。于是，秀钟自此萌发了弃儒学医、“扶困救危”的念头。那时，他只有十二三岁。他渴望当一名治病救人的良医，也深受张仲景和李时珍精神的影响。张仲景坐堂行医，救黎民百姓于危难之中，付多年心血著《伤寒杂病论》一书，流芳百代，堪称医林之圣。而明代医家李时珍三次乡试未中，放弃科举，随父习医。他冒着生命危险去品尝和寻觅药草，收集观察标本，访问名医宿儒，搜集民间验方，在无数人的帮助下，历经40余年，终于完成了规模空前的巨著《本草纲目》……先贤的坎坷奋斗经历，激励和鼓舞着少年时代的秀钟。

秀钟要拜师学医的想法得到了父母的同意。1922年，父母先让他跟晚清秀才宋清儒学习诸子百家文选。因他聪慧敏捷，深得先生喜爱。闲余之时，父兄又示以《医学三字经》、《汤头歌诀》、《药性赋》让其学习。有了初步的基础，父兄又带他去拜晚清贡生、当地名医臧鸿儒为师。臧鸿儒考核后发现秀钟的功底很好，便决定让他免修《内经知要》、《医宗金鉴》、《汤头歌诀》、《药性赋》等入门医书，重点攻读《伤寒论》、《金匮要略》、《温病条辨》和金元四大家的医籍。

臧鸿儒有他独特的带徒方法，常让秀钟在很短的时间内背熟一本书。每次背书之前，他都用锥子在书上一扎，扎透多少页就得背多少页。先生扎完之后就去应诊了，秀钟就坐在那里哼哼呀呀地背。待一部书背熟之后，先生才逐字逐句进行讲解。一部书学完，先生就指定一些有关参考书让他研读，然后再写一篇读书笔记或心得体会。当览及《素问·著至教论》“诵而未能解，解而未能别，别而未能明，明而未能彰，足以治群僚，不足治侯王”一段时，秀钟反复领会这段话的含义，却不得其解，便问师解惑。先生解释道：对于背诵的内容要理解，只有理解后才能运用，在运用的基础上才能发扬光大，这样不但可以治群僚，还可以治侯王。“侯王”、“群僚”是指君臣而言，在这里指疑难病和一般病而言。先生的话让秀钟茅塞顿开，使他懂得了要成为良医，就必须具备精湛的技艺，而要使技艺达到炉火纯青的程度又必须得其经旨要义。于是，为了逐渐扩大知识面，秀钟又对《内经》、《难经》以及各家注释细细研读。为了勉励自己，他还写下一首富有哲理的小诗：

有智能理天下事，无谋空忙枉费心。

勤劳可得安身处，怠惰必落失败人。

在臧鸿儒门下，秀钟认真学习了《素问》、《灵枢》、《针灸甲乙经》、《类经》、《医宗金鉴》、《诸病源候论》、《千金要方》、《本草纲目》等多部医学典籍，并阅读了《史记》、《资治通鉴》等著作，还写下了大量读书笔记。那时，秀钟的学习主要是背诵，除白天上课要背诵外，其他可以利用的时间他也从不放过。他利用较多的有三段时间：一是枕上背，每晚临睡前，躺在床上将白天所学如数家珍地背一遍，以增加记忆；二是厕所背，主要背一些通俗易懂、简短上口的四句、八句歌诀等，还有人体经络走向及穴位名称、部位、功用等；三是路上背，每次外出、回家或陪先生往诊都能背不少经典。因为偏僻地区的村屯之间近则七八里，远则二三十里，近的步行，远的骑马，背起书来不知不觉就到了，既复习巩固了所学知识，又不觉得劳累。有一次，先生问他用什么妙法这么快就背完了所学的书，秀钟如实地回答了。先生听后很高兴，笑着对他说："你比我小时候多下了工夫啊，就叫'三背之功'吧！"

臧鸿儒不但文学知识丰富，而且医技精湛，诊治水肿、黄疸、小儿惊风、疳积等内、儿科疾病尤为擅长。在随师过程中，秀钟亲见他治愈了不少疑难病症。在跟随先生的几年中，秀钟不仅读了许多书，长了不少学问，还得到临证实践的锤炼，可谓受益匪浅。更重要的是学会了学习方法，懂得了由博返约的意义和提要钩玄的重要性，这为他以后研究古典医籍及取得学术成就打下了良好的基础。

光阴荏苒，斗转星移。六年苦读，一晃秀钟18岁了。1927年，秀钟离开了臧鸿儒先生，又投在吉林省农安县城名医王化三门下学医。王化三当时收徒5人，秀钟是后来的，算是最小的徒弟。在王化三门下学徒跟在臧鸿儒门下完全不一样，生活既紧张，也很清苦。起初，先生只吩咐他干些杂活。白天，师兄们跟着先生临诊，而他只能在柜上按方抓药，拉药匣子，根本接触不到先生，既学不到医术，也没有时间看书。

有一次，先生对他说：臧先生在信中说你很聪明，学问功底厚，我考察这是真的。古来凡欲成上工者，无不治一全一，治百全百，我看你有志于此，想给你改个名字，就叫“百灵”吧，希望你以后功成名就，治百全百，无一不灵。从此韩秀钟就改名叫韩百灵了。

在王化三门下，韩百灵学到了不少治病经验。王先生曾治愈不少沉疴重症，尤其是妇女病，手到病除。比如治疗经、带、胎、产诸病，往往以一方打底，化裁变通，演化出二十几个方子，只要辨明阴阳、表里、虚实、寒热，再酌情加减，未有不应手取效者。对此韩百灵心领神会，觉得这确是一个好方法。

一次闲谈中，他向先生问及此事，先生说：学医恨方多，临证愁方少。东汉仲景用肾气丸加减变化治疗多种疾病，示人以“异病同治”之法。后人不识此中真机，妄创新方，滥投三品，失却辨证大法，冀从标新立异中取效，如此用之何异于草菅人命，涂炭生灵！殊不知，《内经》云：“阴阳者，数之可十，推之可百，数之可千，推之可万，万之大，不可胜数，然其要一也。”正是以离合论阴阳之要义。韩百灵明白了，先生正是受前贤启发，欲提纲挈领，执简驭繁，遍查古方，尽取其所同，去其所异，整理了调经、止带、安胎诸方。“医者不偏不激，平正公允。寒者用热，热者用寒，实者用攻，虚者用补，疾加温燥，血加苦涩，皆从其因而制方，随其证而出入，故有是法是方，姑且名之曰‘同因异病，异病同治’。”先生的一席话，又使韩百灵悟出了几分道理，不到出神入化、炉火纯青的境地，难有如此高论。因此，在以后的从医生涯中，韩百灵一直努力实践，并用以教导学生。如果说韩百灵“同因异病，异病同治”之学术思想是启蒙于《金匮要略》，受学于王化三则一点也不过分。

近三年的学徒生活及随师侍诊，韩百灵在王化三的指点下已经能够独立诊治疾病了。随着时间的推移，他已经掌握了内科病中的水肿、黄疸、中风、臌胀、癥瘕、虚劳、血证、痿痹、消渴、痨瘵、癃闭、淋证、关格，儿科病中的痘疹、惊风、癫痫、疳积、发热、咳喘，妇科病中经、带、胎、产、杂病等治疗的方法，达到了出徒标准。

“人间离别尽堪哭”（唐·赵嘏），师徒分手之际，王先生老泪纵横，吟诗一首为韩百灵送行：

爱徒年少入轩阁，精心灌注未蹉跎。

规经逮百先滥觞，广向人间布恩泽。

学贵精专　誉满龙江

1929 年，20 岁的韩百灵学有所成，从故里来到其兄长韩秀实在哈尔滨道外北小六道街开的同顺堂诊所，协助兄长诊病，这是他从医的开始。由于初来乍到，人们又看其年轻，故很少有人找他治病。于是长兄就主动介绍一些病人让他诊治。他很用心地诊治每一个病人，从不怠慢。同年秋，经吉林省民政厅考试合格，韩百灵获得了中医师资格证书（当时的哈尔滨归属吉林省）。

一般来说，学医三年有天下无病不可治之雄心；及治病三年又有天下病无方可用之感叹。而对于初出茅庐的韩百灵来说，有了中医师资格，也就有了可以独立悬壶济世、大显身手的机会。因此，他既有雄心，又有信心，可谓踌躇满志。

1932年秋，松花江洪水泛滥，淹了哈尔滨道里、道外、太平三个区，被淹的群众纷纷逃向地势较高的南岗、香坊等地。许多人因来不及逃生而丧命，也有许多穷苦百姓因无处可去而流落街头，过着食不果腹、衣不蔽体的生活。由于感染时疫，患病人数剧增。韩百灵和长兄一起参加了抢救难民工作，义务为难民诊治疾病，直到洪水退后才返回道外诊所。

由于诊所被洪水淹没，哈尔滨又被日本侵略军占领，所以秀实对现状极为不满，便于1934年初只身到关内去了。长兄走后，韩百灵独自撑起了诊所的诊务，这也让韩百灵的诊治水平得到提高，找他诊病的人越来越多。那年夏初，“百灵诊所”在道外北十四道街开业了。那里是居民稠密区，面对着“百灵诊所”的挂匾，韩百灵的心久久不能平静。想到自己可以用所学的一技之长报效民众，为劳苦大众解除疾患，他激动不已。同时，他又感到肩上担子沉重，不能辜负王化三先生对自己所说的“治百全百，无一不灵”的期望。

开业伊始，他就遇上了一次严峻的考验。一天，一男子送一帖来。他拆帖细阅，方知此乃曾子固请他为其儿媳诊病。曾子固是北洋军阀张作霖的老师，曾任晚清巡抚、新民府知府，官高位显，定居哈尔滨市道外十七道街于家大院，张作霖派兵昼夜为其看家护院。

年轻的韩百灵持帖前去看病时，一进院内见房前停放着一口红漆棺木，心中一惊，询问后方知，病人尚未咽气，因屡治无效，正准备后事。出来迎接他的是曾子固的儿子曾瞻原。走进客厅，一番寒暄后，韩百灵被请进内室。只见曾的儿媳平卧榻上，面色白枯而两颧微赤，气息微弱。搭手诊脉，脉细如丝，数过平人。

询问得知，曾的儿媳已患病一年之久，一直卧床不起。如今已两日不进水米，奄奄一息，故备好棺木待殓。面对危症，韩百灵镇定自若，细诊后回到客厅，见书案上已摆好纸砚，遂提笔处方：曾王氏，痨瘵（俗称“肺痨”），致血枯经闭证，拟养阴清热法，川秦艽、炙百合、盐黄柏、肥知母、炙鳖甲、软青蒿、大生地、地骨皮、炙白及、酒川军。一剂，水煎频服。写好处方，起身告退。曾瞻原问：“还有希望吗?”韩百灵说：“主要是久治无效，但脉未散乱，真气尚存，或可抢救一二。”言毕告辞。

遵医嘱将药服下，病人当日晚便能进些水米。服药十余日，病人已能扶床站立。韩百灵又去曾家两次，化裁调方，病人竟逐渐痊愈了。第四次去曾家，曾子固亲自出面迎接他，并感谢他为儿媳治好了病。病人一年后月经畅通，好如常人。后来在韩百灵结婚之时，曾子固还亲临贺喜，并送匾一块，上刻“妙手回春”四个大字。这件事在当时可谓近乎传奇，韩百灵的名气大振。

然而，那时中医的社会地位极其低下，一些人在强权压迫下弃医改行，有的人为生计所迫勉强行医，为了糊口而已。对此韩百灵也很苦闷，常常会感到无路可循，便以诗抒发自己压抑的心情：

十年岁月不自由，冷冷清清度春秋。

乌云满布天无日，闷坐窗前待佳期。

由于中医内部有门户之见，像韩百灵这样在中医业内有名气的人，自然会遭到一些人的怀疑、嫉妒。但这反而使他更出名了。有一次，一位颇有名望的中医，打发一个病人到韩百灵诊所看病，还写了一封信让病人家属交给韩百灵。信的内容大致是：久闻韩百灵医技精湛，有“华佗转世、妙手回春”之美誉，今送上病家一位，望略施小技，以救无望于一旦。如是，愿为至交。

韩百灵看过病人之后，发现病人身高体胖，神昏谵语，撮空理线，四末厥逆，舌燥苔厚，六脉散乱。询问二便，知道一周来泻下稀水臭秽，日十余次，并伴有发烧汗出症状。韩百灵看出这是大承气汤证无疑，再看前医处方，也是用大承气汤化裁，但病却一丝未减。原因何在？是用方不对还是病因不明？细问病史，才知病起于腹痛、发热、呕而不食。他忽然想起此少阳、阳明合病，必用柴胡、黄芩相辅才能中病。于是处方时重用大黄、芒硝、枳实，酌加柴、芩，急煎一剂，芒硝冲服，二时许尽服。韩百灵亲自为病人煎药，并看着他服下。病人服药不久，便出燥屎数枚，周身微汗，四末转温。再尽一剂，神清而脉动有序，病家竟霍然痊愈。

此事传出后，在中医界震动很大，那位送病人到他这儿来诊病的中医果不食言，特设家宴相邀，并细问其诊治经过，连连点头称是，佩服得五体投地。从此以后，二人情同手足，相交甚笃。同行中故意为难他的人明显减少，慕名前来就医的人却日益增多。

1948年，韩百灵受聘于哈尔滨市中医讲习班，担任中医妇科讲师。与他同时执教的是当时被誉为黑龙江“四大名医”的其他三人——高仲山、马骥、张金衡。初次受聘教学，韩百灵深感缺少教学经验，担心误人子弟。因此，他备课十分认真。授课前，他用三个月时间重温了《黄帝内经》、《金匮要略》、《诸病源候论》、《千金要方》、《妇人大全良方》、《景岳全书·妇人规》、《济阴纲目》、《沈氏女科辑要》、《傅青主女科》、《医宗金鉴》等数十部中医著作，并结合自己的行医经验编写了《中医妇科学讲义》。这本讲义采用分型证治体例，内含中医妇科40余种疾病、百余种证型。之后他又编写了《医疗八法注释》，以备为不同的学生讲授中医辨证施治理论。在教学中，为了达到良好的教学效果，对于复杂难懂的问题，他常常组织学员进行专题讨论，以求教学相长。例如，他曾提出这样一个问题，“气虚、痰证、血瘀、妊娠四者均可出现滑脉，临床应如何加以鉴别?”对这个问题学员们讨论得非常热烈，都觉得这样的问题能启发思路，引起兴趣，理论与实际结合得紧密。经过讨论，激发了大家学习的热情。在总结时他讲道：“这个问题实际上是中医鉴别诊断方面的，没有一定的理论和实践基础是答不完全的，要想答得完全就必须努力，勤于思考，系统地掌握专业知识。”

中西医各有所长和不足。韩百灵非常赞成中西医结合，主张两者互相学习，互相取长补短。为此，1956 年，他积极报名参加了哈尔滨西医进修班，主要学习西医基础知识和临床理论。这个进修班中的许多学员都曾是他的学生。大家敬重他，选他当班长。通过这次学习，他初步掌握了西医理论知识，明确了中西医之间的联系与区别，进一步认识到两种医学体系各有所长与不足，不应采取对立与排斥的态度，而应该相互学习，共同提高。中华人民共和国成立以后，毛泽东主席提出："中国医药学是一个伟大的宝库，应当努力发掘，加以提高。"中医事业犹如枯木逢春，蓬勃发展。韩百灵极为兴奋，觉得自己浑身有使不完的劲儿。他高兴地参加了中医学会和医药联合会。为了发展中医事业，确保人民的健康水平，韩百灵与西医人员一道，举办中医学习班、中医提高班、西医学习中医班，组织医疗队下乡为农民防病治病。同时，他也获得了很高的荣誉和地位，先后当选为哈尔滨市道外区人民代表、区政协委员、哈尔滨市政协委员、市第二届人民代表等。

1958年，在政府的号召下，年近50的韩百灵关闭了他的"百灵诊所"，进入哈尔滨市道外区人民医院工作。这一时期是他成就事业的黄金时期。他心情愉快，又年富力强，以"业精于勤，荒于嬉”作为座右铭，白天诊务繁忙，在静谧的夜晚，伴着柔和的灯光，他记录下所有的临床体会，阅读更多的经典医籍。为了解决临床疑难问题，常常通宵达旦，却乐此不疲。

1964年，韩百灵作为名医受邀进入黑龙江中医学院（现黑龙江中医药大学），先后担任医经教研室教师，附属医院妇、儿科主任，正式开始从事教学工作。同年11月，韩百灵写下了这样一首诗，以回忆其学医和从医经历：

昔日学医处处难，勤习古典几十年。

拜师须劳三年整，方汲师传一二言。

勤勉从教　严谨治学

从一个医者到一个师者，韩百灵必须将自己所学理论与多年从医经验融会贯通，并现身说法，加以发挥。这对韩百灵来说，是一个相当大的跨越。为了当好这个师者，为了振兴中医事业，培养中医人才，探索中医教学规律，韩百灵可谓兢兢业业，辛勤耕耘，呕心沥血。中医学术的传授，历代多以带徒、私塾、口传心授和临证实践的方式流传。韩百灵认识到，要把中医理论系统化，并以教学形式来完成，就必须取各家之长，领悟各科之要。若各承家技，始终顺旧，更不思求经旨，中医学就不能快速发展。

中医的理法方药源于实践，丰富的临床经验是提高教学质量的重要一环。有了丰富的临床经验，教学内容才能丰富。他说：比类取象要恰当，讲湿热带下，有形之湿与无形之热相交结，则如油和面，交结难分，治疗如抽丝剥茧，缠绵难愈。譬如“胎萎不长”一病，以花喻之，花卉枯萎，枯在叶而萎在根，单纯给予水分，恐势单力孤，难使复荣，需要水分、阳光和营养俱足，冀能恢复生机。以此理运用到“胎萎不长”的治疗，则应在补阴血的同时，重用填精补髓、血肉有情之品，并辅以从阴引阳之药，使阳生阴长，缓图生机，方可无虞。如此借鉴比喻，惟妙惟肖，使学生印象深刻，收到较好的效果。

韩百灵随时随地把知识传授给学生，在临证中从病因、病机指导学生如何分析，怎样辨证，如何确定治法，如何选方药，都予以详细说明。若患者用药后效果不佳，则及时查找不效之故，重新对病证进行审视分析，遣方用药，使学生们既知其然，也知其所以然，同时也培养了学生们严谨的治学态度，使之掌握了过硬本领。

20 世纪 80 年代，韩百灵作为我国首批中医妇科研究生导师，在培养研究生工作中形成了一套带教理论和经验。首先是如何选择研究生的科研课题。通过实践，韩百灵认为，选题应结合三个方面来进行。

其一，选择课题首先要了解本学科的学术动态，在充分掌握第一手资料的基础上确定研究方向，这样可以避免走弯路。研究生搜集资料的工作，是进行科研准备的阶段。准备得充分与否，直接影响到课题的选择以及科研设计的水平和质量。以往科研课题的选择都是在基础课程结束之后才进行，后来发现为时已晚。所以他要求新生入学在学习理论课的同时着手查新资料。

校学习，要求他们迅速提高西医理论水平，重视现代科研、技术方法的学习。

中医学在人类文明史上占有重要地位，并以其实践医学的特点显示着旺盛经久的生命力。韩百灵一直认为，中医研究生不应该是故纸堆里的夫子，也不应该是夸夸其谈、纸上谈兵的书生，而应该是具有一定科研能力的中医临床实践者。因此，韩百灵要求他的研究生必须要过临床关，要把中医的理论学以致用，充分发挥中医中药治疗常见病、多发病的优势，掌握疑难病和危重病诊治原则，确保中医科研的质量。希望他们具有老一代中医和新一代中医的双重本领、双重气质。他认为，学医只知无方之书，不知理法，虽有学而无术，虽知方药，不知其理，不足成为良医。只有遍读理、法、方、药之书，勤做笔记，潜心研讨，躬行实践，验之患者，不断提高，才称得上有学也有术。

博采古今　辨治百病

韩百灵幼承庭训，治学严谨。早年攻读《黄帝内经》、《伤寒论》、《金匮要略》等经典著作时，对其中重要条文至今仍可流利背诵。他治学先明其源，再辨其流，熟记经典之后，诸家疏注，亦广为博览。至于《左传》、《公羊传》、《谷梁传》、《周易》等凡与中医理论相关者，必探幽索隐，以富其学。对历代医著，博采众长，兼收并蓄，绝不存门户之见。

中医古籍浩如烟海，中医学博大精深，怎样学懂、学精，韩百灵常记恩师及父兄教诲，宗古医之训，采百家之学，总结自己多年的临证经验，不断更新知识，接受现代科学技术的诊疗方法，他认为这对继承发扬中医学会有帮助。韩百灵不仅精通妇科，对其他各科也颇有研究。早在20世纪50年代，他即从中医学角度，对癌症的病因病机、克山病的辨治、小儿麻疹的防治等进行了深入的研究，发表了多篇论文，对再生障碍性贫血、红斑狼疮、病毒性肝炎、癫痫等亦有深入研究。

20世纪70年代，再生障碍性贫血被认为是“不治之症”，死亡率极高。1972年秋，家住哈尔滨市道外区万宝镇的十二岁男孩郭某，在其父的陪同下前来韩百灵处就诊。来诊前曾在哈尔滨医科大学住院治疗，经各项检查后，诊断为“再生障碍性贫血”，病情严重时予以输血控制病情，住院两月余。后经人介绍来寻韩百灵医治。韩百灵望其形体消瘦，全身有散在的出血点，精神萎靡不振，面无血色，唇舌淡白。询其不适，家长告知，发热数日不退，午后热甚，倦怠无力，口干欲饮冷水，经常牙龈出血，偶有鼻血流出，大便秘结。诊其脉象弦细而数。通过四诊分析，韩百灵辨证此属阴虚血热、热伤血络而为之。治法：清热凉血止血。

处方：生石膏 20g，白茅根 25g，小蓟 20g，白芍 25g，龟板 25g，生地 20g，知母 15g，地骨皮 15g，牡蛎 20g，牡丹皮 15g，玄参 15g，栀子 15g，天冬 15g。水煎，日 1 剂，早晚分服。忌食辛辣。

二诊：患者热势减轻，身上血点及齿龈出血减少，精神状态较前好转，余症同前，舌淡，脉细而无力略数。遵上法，按前方减生石膏，继服 20 剂。

三诊：自觉倦怠乏力减轻，口不渴，大便日一次，身上现褐色斑点，下肢偶见鲜红色出血点。继守上方减地骨皮，加旱莲草、阿胶，再服 15 剂。

四诊：患者感觉良好，由于天气突然转冷，不慎起居，复感风寒而致发热恶寒，咳嗽，流涕，舌苔薄白，脉浮。韩百灵认为，此时治疗应先表后里。

处方：金银花（后下）20g，连翘15g，桔梗15g，杏仁15g，前胡10g，川贝母10g，防风10g，荆芥10g，生地20g，栀子10g，甘草5g。3剂，水煎，服法同前。

五诊：服药后感冒症状悉除，又觉疲劳，身上隐现陈旧性血斑，舌质淡红，脉虚细。再投生地20g，白茅根25g，小蓟20g，知母15g，地骨皮15g，白芍25g，山药20g，党参20g，龟板25g，牡蛎20g，旱莲草20g，阿胶（烊化）15g。15剂，水煎服。

六诊：患者自述无任何不适，已有半月余未见牙龈出血，精力较前充沛。舌质红润，脉较前略有力。此时热势已大衰，予益气养血、清热凉血之剂。

处方：党参20g，山药20g，茯苓15g，熟地15g，生地20g，白芍20g，何首乌20g，女贞子 20g，龟板 20g，阿胶（烊化）15g，旱莲草 20g，白茅根 20g。再进数剂。

七诊：患者自觉体力增强，精神状态良好。韩百灵又嘱其暂停汤剂，以上方量加倍，加紫河车两具，共为细末，蜜制成三钱重丸服用，以巩固疗效。

患者前后服药半年之久，经哈尔滨医科大学复查血象，未见异常。韩百灵再嘱其注意避免外感六淫，不要过劳，虽以痊愈告捷，但应定期复查。此后 10 余载，直至郭某长成 20 几岁的男子汉，一直未见发病。

在此案的按语中韩百灵总结道：西医学认为，再生障碍性贫血是骨髓造血系统严重病变引起的一种血液病，临床上分急、慢性两型，属于疑难重症，前者更为严重。中医虽无此病名，但古代医家对该病早有一定的认识，其临床症状符合“虚劳”、“虚损”的范畴。《灵枢·决气》篇云：“血脱者色白，夭然不泽，其脉空虚，此其候也。”指出该病表现为严重的贫血现象。西医主要运用激素类药物治疗，必要时予以支持疗法，给予输血。中医学认为，此病的发生有脾虚、肾虚、血热、血瘀等原因，临证时必须充分了解引发本病的病因及转化机理，治疗重点在于辨证施治。本病固然以虚为本，但万不可忽视就诊时的临床表现，妄投补虚之药。本案当属内伤发热，火热内炽，灼伤血络，以出血为主，必先用釜底抽薪之法，清热凉血止血，热邪消除，血则自安；脾为后天气血生化之源，肾主骨生髓，精血互生，故应用健脾补肾、生精益髓、凉血之法，以助先后两天，调其善后，则可使病不再复发。

1970年，一则奇怪的病例，使医术精湛的韩百灵感到了困惑。哈尔滨市一名21岁女青年于某得了一种怪病，嗜肉若狂，非肉不吃，而且一次不想方设法吃足三四斤肉不能罢休。因此，于某常常流连于饭馆之间，抢食顾客肉菜，或偷食邻里鱼干、肉干。无肉可食之时，则精神狂妄，饥渴难忍。得病年余，经闭一载。可怕的是，吃那么多肉，却瘦得不成人样。一家人愁苦不堪，病人多处求治都不见疗效。经人介绍，随其父前来就诊。

韩百灵虽出身世医之家，自身业医已数十载，但是对于某这种病却是见所未见，闻所未闻，一时无从下手。眼看于某骨瘦如柴、万分痛苦的模样，医生应有的责任感使他不忍心置病人于不顾。他详细询问病情之后，让患者一周后再来诊病。嗜肉若狂？何以嗜肉，何以若狂？他在一周之内，可谓食不甘味，夜不成眠，翻阅一本又一本医方医书，足足有 30 多部，查找了 100 多份资料，最后在《本草纲目·兽部第五十卷》中查到此病为“肉症”。处方是：用白马尿可治。韩百灵喜出望外，他想，既然白马尿能治，那白马粪也应该可以，于是他立刻将此方和配制方法告诉了病人的父亲。于父依法炮制，给女儿加倍服用。服药月余，于某肉症一病尽除，月事亦通，好如常人，后来结婚并生子，至今仍深念韩百灵的恩德。

1967年初夏，韩百灵家里来了一位特殊的女病人——几个人抬着一副木制担架，担架上躺着的人被大口罩遮住整个面部，只露出一双无神的大眼睛。入室时，病人由两人搀扶，落座后，病人气喘吁吁，气若游丝。一经询问病史，病人立刻泪水涟涟……听完一段诉说，韩百灵得知，女病人24岁，未婚，毛织厂工人，三年前曾患一次高热病，此后时觉周身不适、乏力，继而面部红斑时隐时现。去医院诊治，初期按皮肤疾病治疗，用激素类软膏擦抹，当时收效。半年前全身症状加重，面部斑已至鼻甲，故住院系统检查，确诊为“红斑狼疮”。经中西药治疗数月无效，一周前眼见同病房患友死于此病，遭受打击，因此出院，求于韩百灵处诊治。

医治这类危重病人是艰难的，如果怕治不好丢名声是不能收治的。但韩百灵对个人名声不以为然，他认定救死扶伤是医生的天职，只要尚存一线希望，就应该全力抢救。他认真进行了四诊检查。

患者现状：形体消瘦，唇色深红，舌质暗红，切其脉象弦而有力。问其症状，自诉手足干热，心烦少寐，月经提前，脸部瘙痒，周身关节疼痛。韩百灵认为，该病属火热为患，予以清热凉血、活血解毒之法治之。

处方：金银花 20g，生地 20g，赤芍 15g，牡丹皮 15g，怀牛膝 15g，苦参 15g，蒲公英 20g，紫花地丁 20g，天花粉 15g，当归 15g，连翘 15g，黄芩 15g，栀子 10g，甘草 10g。每日 1 剂，早晚各服 1 次。嘱其服用 10 剂再诊，避免感受风寒，忌食辛辣食物。

方中生地清热凉血，养阴生津。赤芍活血散瘀，《滇南本草》云：赤芍“行血，破瘀，散血块，止腹痛，攻痈疮”；该药味苦性凉，为凉血活血、调经之要药。牡丹皮苦凉泄热，辛通散瘀，凉血热而不致瘀滞，散血滞而不致妄行，故被称为血热血瘀之良药。以上三药相伍，共清血中之瘀热而不伤其阴液。金银花、连翘、蒲公英、紫花地丁清热解毒，消痈散结，四药具有升浮宣散之力，流通气血，治十二经血凝气聚，主一切热毒，均为治热毒疮痈之要药。苦参清热燥湿，苦能泻火以断热之源。当归、怀牛膝补血活血，行血逐瘀。天花粉清热生津，消肿排脓。《本经》曰：天花粉“主消渴，身热，烦满大热，补虚，安中，续绝伤”。甘草清热泻火，调和诸药。全方共奏清热解毒、凉血活血、消痈散结之功，亦符合“热者寒之”之意。

二诊：患者虽体虚仍现，但能自己慢慢行走，手足干热、心烦均有所减轻，面部红斑见暗，表面出现皮屑，大便略稀，并心悸失眠，食欲不振，唇舌红，脉弦力弱。此时热势稍退，虚证已显，恐苦寒损及脾胃，遵古训“衰其大半而止”，再以清热之剂缓缓医之，同时兼顾他病，扶助气血。

处方：金银花 20g，连翘 15g，生地 20g，白芍 15g，牡丹皮 15g，苦参 15g，天花粉 15g，当归 15g，山药 20g，白术 15g，酸枣仁 20g，黄连 10g，阿胶（冲服）10g，甘草 10g。每日 1 剂，嘱其再服 10 剂。

三诊：体力有所恢复，食欲有所增进，虚烦少寐明显缓解，二便正常，红斑日见浅淡，舌质淡红，苔薄白，脉细而无力。月水来潮，周期基本恢复正常，经行 4 天，血量不多。此为热邪消退、病见好转之象。继守上方加减变化。

处方：西洋参 10g，生地 20g，白芍 15g，当归 15g，牡丹皮 15g，山药 20g，酸枣仁 20g，金银花 20g，连翘 15g，黄连 10g，阿胶（冲服）10g，甘草 10g。每日 1 剂，早晚各服 1 次。嘱其服数 10 剂再诊。如有其他变化随时来诊。

四诊：时过月余，患者再诊，精神饱满，已摘去口罩，面部红斑隐隐可见，瘙痒已除，食欲尚好，余症已不明显，观其舌质红润，苔薄白，查其脉象和缓。虽病证大有转机，但万万不可轻视，调下方服之。

西洋参 10g，生地 20g，白芍 15g，麦冬 15g，枸杞子 20g，怀牛膝 15g，当归 15g，牡丹皮 15g，山药 20g，知母 15g，连翘 15g，甘草 10g。服法同前。

五诊：患者自觉诸症悉除，体力恢复如 3 年前，月经已按周期行止，问是否还需服药。韩百灵说："此乃重症，不可掉以轻心，药虽苦，但可保全性命。"于是，韩百灵又以上方加减。

处方：党参 20g，黄芪 20g，生地 20g，白芍 15g，麦冬 15g，枸杞子 20g，怀牛膝 15g，当归 15g，牡丹皮 15g，山药 20g，连翘 15g，甘草 10g。令其再服 1 个月，而后改服丸剂。

先后共用药半年之久，患者终于痊愈。于 1974 年结婚，30 多年过去，再未见复发。

韩百灵在按语中这样总结：红斑狼疮在临床中较为难治。西医学认为是免疫系统疾病。中医学认为，红斑狼疮的发病机理多是由体内阳盛血热，淫邪客于脉络；或素体肝郁，郁而化热，热伤血络；或心火内炽，迫血妄行，久而成瘀所致。经云："诸痛痒疮，皆属于心。"初以清热凉血、活血解毒之法医治，实属对症下药，方中金银花、连翘、蒲公英、紫花地丁、黄芩为清热解毒之佳品。病久心必焦虑，心火油然而起，苦参味苦性寒，《本草经百种录》云："苦参，专治心经之火。"栀子清心泻火而除烦，凉血止血。天花粉、生地滋养阴津。赤芍、牡丹皮凉血，活血，逐瘀。当归、牛膝补肝肾，养血活血。10剂之后热已减其大半，考虑病久体已多虚，恐苦寒太过损及脾胃，于是，效古人“衰其大半而止”的治疗法则，二诊之时除以清热之剂缓缓医之，同时兼顾他病，扶助气血。在首方的基础上加山药、白术健脾益气，以助后天气血生化之源；酸枣仁、黄连、阿胶清心除烦，宁心安神。三诊之后患者标实已去，本虚已显，此时应以治本为要，故予参芪以补其虚。现代研究证实，该药具有调节免疫功能的作用。麦冬、枸杞子滋补肝肾，填精益髓，使气血旺盛，以御外邪。

功善百术　专攻一艺

韩百灵学医，秉承师意，治学先明其源，再辨其流，熟记经典之后，诸家疏注广为博览，凡与中医原理相涉者，虽不是医著，也要探索，以富其学。在广泛涉猎各家医著的基础上，他重点精研《妇人大全良方》、《丹溪心法》、《女科准绳》、《女科撮要》、《景岳全书》、《傅青主女科》、《沈氏女科辑要笺正》等中医妇科专著，注重日积月累，由博返约。他认为，“功善百术莫如专攻一艺”。在通晓内、外、妇、儿诸科之后，他重点专攻妇科，通过多年理论与实践的研磨，终于有了独识独得。如善用大黄通腑气，降逆止呕，治疗妊娠恶阻；借用皂刺疏解之力通利冲任，治疗肝郁不孕；运用逍遥散加减，治疗妇科 20 余种疾病，这都是由博返约的最好例证。

在诊疗中，他提倡尊古而不泥古，以辨证为纲，施治为本，据证加减，借前贤之见，创个人之举。欲要达到这一点，必须博览医书，不断实践探索。

通过数十年的临床，韩百灵治愈了无数疑难病症，尤其是在治疗崩漏、不孕、滑胎和妊娠恶阻等方面更有其独特之处，留下了许多珍贵的病案记录。

一、育阴止崩汤治愈青春期崩漏病

那是 1980 年的初冬，少女邓某来找韩百灵求治。只见她面色苍白，形体虚弱，语声低微。是什么缘故使一个妙龄少女变得如此憔悴？韩百灵询问病情，其母泪流满面地告诉他：患者 13 岁月经初潮，即三五个月一行，行则崩漏不止，延续月余，曾多方求医，几次住院医治，皆未收效，无奈辍学。近半年流血益甚，常靠输血维持生命。有一家大医院妇产科医生建议将其子宫摘除。摘除子宫，这对于一个只有16岁的女孩子来说意味着什么？患者及家属均不同意。家人苦苦寻医，经人介绍来韩百灵处求治。

月经长年淋沥不断，或时而突然大下，属于中医的崩漏之病，西医学称之为功能失调性子宫出血。患者此次就诊时经血已流50余日，量时多时少，量多如崩，量少如器皿之漏下淋沥不断，而且色红无块。曾服用凉血止血之中药，病势暂缓，后又淋沥不断，不能遏止。经血鲜红，质稠，伴见头晕乏力、腰疼痛、口干、烦热汗出。望其体瘦如柴，心悸气短，面色苍白，两颧红赤，唇舌干红无苔，言语断续，气力不接。现状为头晕健忘耳鸣，五心烦热干咳，自汗盗汗，口干不想喝水，腰膝酸软，足跟痛，脉弦细数。据四诊合参，韩百灵认为此疾属肝肾阴虚，热伏冲任，灼伤胞脉，气血耗伤，致血海不固而崩漏，为重疴重症，很难治愈或者难以速愈。但医乃仁术，救困扶危，不能眼睁睁看一个如花似玉的少女就这样被病痛折磨乃至于命悬一线，更不能听任一个如花似玉的女孩子的子宫被摘除而无动于衷。于是，他安慰患者说此病可治，并很快开出处方。韩百灵经过分析确定了治法，即宗张山雷所言："不知血之所以妄行，多是龙雷相火疏泄无度，唯介类有效，能吸纳肝肾泛滥之虚阳，安其窟宅，正本清源，不止血而血自止。"根据这一原理，投以滋阴潜阳、固冲止血之方——育阴止崩汤加味。

处方：生地 25g，白芍 20g，鹿角胶 25g，山药 15g，川断 20g，桑寄生 20g，杜仲 20g，海螵蛸 25g，蒲黄炭 20g，炒地榆 50g，黄芪 15g，党参 20g，当归 15g，山萸肉 15g。10 剂，水煎服，日 1 剂，早晚分服。半月后再诊。

两周后复诊时患者诉称，病势大转，虽流血未止，但量减半，精神日振，饮食知味。经诊脉辨证，倍加地榆，嘱再服数剂，其血当止。

一周后复诊，腰腹无痛，病情好转，夜卧得安，诊其脉象弦细有力，知其肾气恢复，冲任气盛。又按原方减去塞流之品，加五味子、龟板、巴戟天各 15g，嘱其连服月余后配成丸药久服。经半年调治，邓某月经恢复正常。一年有余，邓某崩漏之疾痊愈，病体康复，重返学校。两年后，恢复了青春芳颜的邓某持高考录取通知书喜不自禁地来告知韩百灵："爷爷，我已经考上大学了。谢谢您，是您给了我第二次生命，让我拥有今天的幸福。"

对此病案，韩百灵在总结时写下这样的按语：初潮女子患崩漏者，以肾虚为多，且下血不止，但无所苦，致使医者举措茫然。本病从肾阴不足、封藏失职论治者，其因有二：一则初潮即崩，为肾气尚未充实；二则症见腰膝酸软、足跟痛、头晕耳鸣、自汗盗汗、口干不欲饮、五心烦热，乃阴亏之象也。舌红少津，脉弦细数，主水亏火旺，正合《内经》“阴虚阳搏谓之崩”之旨。及其治也，塞流，澄源，先止其血；固本，澄源，再善其后。阴虚者，阳必不足，是以气弱、水亏者，火必炎上，因而生热。故阴虚为患，可致虚寒虚热两端，不可不察。育阴止崩汤中生地、白芍、山茱萸育阴；杜仲、桑寄生补肾；当归和血，鹿角胶止血，海螵蛸涩血；黄芪、山药补气摄血，蒲黄、地榆凉血止血。全方从阴引阳，从阳引阴，所固在肾，所摄在血，有固本塞流之妙用，为治崩之良方。

二、调肝汤治愈日本专家夫人久婚不孕

1976年初夏，在黑龙江大学任教的日本专家大石智良的夫人坂本志计子请韩百灵为自己医病。原来，大石智良夫妇已结婚12年，但近40岁的妻子坂本志计子始终未孕，夫妇双方均排除器质性病变，也曾在日本及中国经许多著名妇科医生检查多次，均无结果，除女方子宫稍有后倾外，始终查不出真正的病因。因此欲借助于中医治疗。经有关方面介绍，前来黑龙江中医学院请求韩百灵往诊。

韩百灵望其形体，三十几岁的年纪，却面色暗滞，精神抑郁，肌体消瘦，声音细弱，一副弱不禁风的模样。问其发病之由，云：性情急躁，无故多怒，胸胁胀满，经期乳房胀痛，小腹坠胀，血量涩少，色紫暗有块，经后乳痛、腹胀轻，手足干热，呃逆，不欲饮食，喜食清淡，厌油腻，大便秘结，小便短赤。诊其脉，弦涩有力，舌苔微黄。根据症状分析，韩百灵认为这是肝失条达，造成肝郁气滞、胞脉受阻、疏泄失常而致不孕。遂投以调肝理气通络之方（即百灵调肝汤），以疏肝理血补肾。

当归、赤芍、川牛膝、川芎、瓜蒌、丹参、香附、王不留行、通草、川楝子各 15g，皂刺

5g。3 剂，水煎服。

7 日后复诊，症无变化，脉象如前，食欲不振。因肝气乘脾、脾气不运之故，前方加白术、山药各 15g，以扶脾气。又服 3 剂。

1 周后三诊，坂本志计子告知：经期胸闷、乳房胀痛减轻，饮食增进，但腰酸痛。韩百灵以原方减皂刺、瓜蒌，加川续断、桑寄生各 15g，以补肝肾，嘱其久服为佳。经治疗月余，吃下十几副中药，坂本志计子诸症逐渐消失。

1977 年，大石智良夫妇任教期满返回东京。翌年春天，坂本志计子生下一女孩，取名大石花。大石智良来信告诉韩百灵："您让我们夫妇的人生再无遗憾了！我为女儿取名大石花，是借松花江的'花'字之意，是为纪念中国和感谢韩百灵先生，更愿中日友谊源远流长。"

坂本志计子的病为"肝郁不孕"证，是妇女最常见的疾病，也是最难医治的疾病之一。韩百灵通过多年的临床验证，对此证选用该方药，故能治愈。为此，韩百灵在此医案的按语中这样总结：肝郁肾虚是导致妇女不孕的主要原因，因为肾为先天之本，元气之根，关乎生殖；肝司血海，疏泄为用。封藏固秘，疏泄以时，胞宫蓄溢有常，方能经事如期，摄精成孕。若先天不足，或后天房事所累，或欲念不遂，情志抑郁，则易致肾虚、肝郁而不孕。治疗贵在调经。具体方法有调肝、补肾、化痰等法。本案当紧锁肝肾二脏而立法，疏肝之郁，补肾之虚，以“百灵调肝汤”加减最合适。其中，川楝子、瓜蒌、丹参、香附以疏肝解郁，理血调经；川续断、桑寄生以滋补肝肾，调理冲任；当归、赤芍补血、养血、活血以助调经；白术、山药培补后天，益气养血；而妙用王不留行、通草等通络下乳之药，则取其行走通络之意。诸药共伍，使肝气得调，胃气得和，肾精得益，冲任得畅，因此孕育而成。

三、“补肾填精”法治愈滑胎

韩百灵的“补肾填精”法也是他经多年医疗实践总结出的又一治法。此法对胎动不安、滑胎等症最有效果。

胎动不安、滑胎是妇女妊娠期的常见病、多发病，严重影响患者的身心健康和家庭和睦。造成此病的原因大抵有两个方面：一是先天不足，男女双方精血亏少，两精虽能相合，胎虽能成而不能实；二是源于母体禀赋不足，肾气虚弱，或多次堕胎、小产屡伤肾气，或多囊卵巢综合征等，而发生屡孕屡堕。韩百灵认为，造成滑胎的原因很多，但总其大要，肾虚是产生滑胎的主要原因。

因此，在治疗上，他提出了“补肾填精”为防治滑胎之根本大法。这一认识也符合古人提出的“预培其损”的理论，即在孕前补脾肾，调冲任。这一医术，在韩百灵女儿韩延华（也是韩百灵所带的研究生和学术继承人之一）的验案中也得到充分体现。

李某，时年 39 岁。15 年前曾怀孕 50 天，之后行人流术。由于术后调养不当，李某经常头晕、腰酸、疲劳，五心烦热，夜间尤甚，自用肾气丸等药治疗。在之后十几年中，李某先后怀孕五次，都在三个月左右无任何缘故而发生自然流产。2007 年 3 月，李某停经 47 天，尿妊娠试验阳性，经友人及家人劝说后动了保胎之念，于是来到黑龙江中医药大学附属第一医院韩延华处求治。

韩延华诊后认为，李某屡孕屡堕使肾气大伤，阴血大亏。初诊时，以肾虚为本，但见阴虚血热为急。热既可煎灼津液，又可扰动血室伤及胎元，故以清虚热为先，兼以补肾固冲安胎。投以熟地、生地、白芍、枸杞子、何首乌、阿胶、银柴胡、地骨皮、青蒿、狗脊、续断、龟板等。水煎服，日 1 剂，早晚分服。

方中银柴胡、地骨皮、青蒿清热凉血，退

热除蒸。《本草正义》载：银柴胡为“退热而不苦泄，理阴而不升腾，固虚热之良药”。生熟地、白芍、枸杞子、何首乌滋阴补血，以调冲任。《本草经疏》云：枸杞子“润而滋补，兼能退热，而专于补肾润肺，生津益气，为肝肾真阴不足、劳乏内热补益之要药”。阿胶、龟板为血肉有情之品，能吸纳肝肾泛滥之虚阳，以补血养血敛阴为主。续断、狗脊以补肝肾、强腰膝、固冲安胎为要。

经过两个半月的治疗，李某经 B 超检查，结果提示：宫内见胎动，胎心良好。韩延华又嘱其再服汤药 10 剂，而后用保胎丸，每日 3 次，每次 1 丸，连服 1 个月。2008 年 1 月 20 日，李某产下一男婴，母子平安。

四、治疗“妊娠恶阻”

这种病虽然不是痼疾沉疴，却也并非从医者人人能医。韩百灵治疗此病称得上是手到病除。刘某，26 岁结婚。婚后怀孕，全家为之欢愉。可是，她未来的小宝贝却从孕育之时起就不让母亲消停。随着孕期一天天增加，刘某的妊娠反应也一日日加重，呕吐不止，饭不能吃，水不能喝，药也不能进，只能在医院靠输液维持生命。住院两个月，妊娠反应不见缓解。近半个月，更是头晕目眩，呕吐痰涎，量多，色白，口中淡腻，胸闷，心悸，气短，只好回到家中。此时孕期已有4月余，痛苦的折磨让刘某撑不住了，眼看着连走路的力气都没有，她想：算了，做人工流产吧。可是，要把4个多月的胎儿打掉，全家人都舍不得。就在一天深夜，刘某吐得实在忍受不了了，便让家人开车将韩百灵请进家里。

经过四诊和辨证，韩百灵认为，患者舌质淡，苔白腻，脉滑缓，面色略黄，体形偏胖，属于痰湿之体，孕后血壅气盛，冲气夹痰上逆，故呕吐痰涎；痰阻中焦，则不思饮食；饮邪上扰清空，故头晕目眩。舌质淡、苔白腻、脉滑均是痰饮之特征。故刘某妊娠呕吐不止，是由于肝胃蕴热、胎气上逆所致。治法：化痰除湿，降逆止呕。

处方：半夏15g，橘红15g，茯苓15g，生姜10g，苍术15g，神曲10g。3剂，水煎服，日1剂，频服。

二诊：自诉呕吐痰涎减少，头晕、目眩减轻，仍不思饮食，心悸气短。望其精神面貌较前有所好转，舌脉无显著变化，按上方加枳壳10g，竹茹15g，以增强宽中化痰之力。6剂，服法同前。

三诊：刘某如同常人，病已痊愈，无不适之感。告之可以停药，但要注意饮食的调护，不可贪食膏粱厚味，应多食水果或酸咸清淡食品。

在本病案中，韩百灵认为，痰湿型恶阻与患者平素体质关系密切，一般多见于素体肥胖或平素脾虚胃弱之人。此种类型之人当妊娠之时，脾气愈虚，导致运化无力，水湿停聚，出现饮停胸膈或饮邪上犯的现象。所以治疗时应以祛湿为主，兼以健脾，脾气健旺，则水湿得运，诸症消除。但用药时须掌握中病即止的原则，以免燥湿药太过而损伤胎元。

同样是妊娠恶阻，但在治疗时，又投以不同的处方。如患者许某，妊娠两个月左右，开始恶心呕吐，逐渐发展到食入即吐，不食亦吐酸苦水，时而呈黄绿色或夹有血丝，虽经中西医多方治疗，但病势不减。有医者认为是脾胃虚弱、中阳不振、痰水潴留所致，投以健脾和胃、祛痰降逆之药；亦有认为乃肝气郁滞、升降失常、冲气上逆而致，投以理气降逆之品，治疗数日，呕吐反而加剧；后又服偏方藕汁、白梨汁等物，服后暂安，但不过半日，仍然呕吐。十余日粥米不入，大便秘结，小便短赤，患者痛苦难忍，欲求行人工流产。其婆母却不应允。经人介绍，前来找韩百灵就诊。

韩百灵望其神情郁闷，形体消瘦，面红舌赤，苔黄而燥，闻其语声高亮，时有叹息。问其病情，经闭两月余，半月前开始呕吐酸苦，心烦，易怒，胸胁胀满，喜冷饮和酸咸果品。切其脉象弦滑有力。四诊合参，韩百灵认为，该患者属性躁多火、肝气益急、气火越上而致呕吐，非脾胃虚弱、痰郁阻滞之呕吐，需施以调肝清热、通秘降逆之方。

处方：黄连、黄芩、麦冬、竹茹、芦根、陈皮各 15g，枳实 10g，大黄 3.5g。2 剂，水煎服，日 1 剂，3 日后复诊。

二诊：病人服药后，呕吐稍止，大便已通，小便红赤，日进半碗米粥，脉弦滑稍缓，其病势渐退。仍守上方加白芍、生地各 15g，以滋阴生血柔肝，嘱其再服 3 剂。

三诊：一周后复诊，观其精神如常，问其现状，诸症消失，饮食正常，察其脉象，弦滑有力。知其胃气已复，无需再服药，告戒房事，可保万全。次年后得知，刘某顺利分娩一男婴。

韩百灵在按语中总结道：本病案为肝郁化热之妊娠恶阻。该患者由于初次妊娠，精神过于紧张，加之素体肝火偏盛，孕后冲气夹肝火上逆，横犯脾胃，脾胃升降功能失常，故致呕吐。《傅青主女科》云："夫妇人受妊，本于肾气之旺也……而肾水不能应，则肝益急，肝急则火动而逆也；肝气既逆，是以呕吐恶心之症生焉。"又当气机不利，腑气不通，则胸胁胀满，嗳气频作，大便秘结；肝火上炎，则头晕口苦；热甚伤津，则出现溲赤之症。此案绝非脾虚痰滞之呕吐。临证时要细审病机，分辨虚实寒热，灵活加减，勿拘泥于一方一药。

韩百灵临证数十载，用药有其独特性。例如：在治疗上述肝郁化热型妊娠呕吐一症中，韩百灵采用"温胆汤"减去甘温助热的甘草，加上能引药下行、止呕清热的大黄而治之。中医人士都知道，大黄这味药对孕妇一般慎用，但韩百灵大胆使用，目的是取其清热通腑、降逆止呕的功用，果然奏效。

学术思想　一代风范

通过几十年理论与实践的精心研磨，韩百灵提出妇科疾病主要在于肝、肾、脾、气、血五字，其变化不外乎虚、实、热、痰、郁、积聚，而关键在于审因论治，四诊合参，切不可拘泥偏执，使病人遭殃。韩百灵于20世纪80年代初期形成了自己独特的学术风格，发挥了“肝肾学说”，发展了“同因异病，异病同治”的理论体系。其“肝肾学说”的学术思想，源于《黄帝内经》，并根据女性特有的生理、病理特点而提出。他认为，人体脏腑、经络、阴阳、气血、津液、情志之间的生理活动是相互联系、相互制约、相互资生、相互依存的。妇女的经、带、胎、产、乳的生理活动皆根于此。反之，脏腑、经络、阴阳、气血、津液、情志等生理活动失调都会影响妇女经、带、胎、产、乳，而导致妇科疾病。他特别强调“肝肾”在女性生理、病理方面的特殊地位及重要性。

韩百灵从精血互生、乙癸同源、肝藏血、肾藏精的理论出发，认为肝所藏之血，除营养全身外，并注入血海，故有“肝司血海”、“肝为女子先天”之说。因此，肝在女子月经的调节方面起着重要的作用。肾藏精，主生殖，为先天之本。胞脉者，系于肾。韩百灵认为，肾为先天之本，肾气旺盛，天癸才能秘至，而注于冲任，促进冲任二脉通盛及男女生殖之精的成熟。此时阴阳和合，两精相搏，生命使然。又冲任二脉皆起于胞中，在经络上与肾密切相联，并受肾的主导，所以他认为肝肾的关系密不可分，不失为“母子之脏，水火之宅”。肝肾之间，息息相通，相互制约，协调平衡。

在病理方面，韩百灵认为，肝者属木，性喜条达，体阴用阳，不遂则郁；肾者属水，内居元阴，贵在沉潜，妄动则耗。肝肾二脏主藏精血，伤则俱伤，耗则俱耗，必然相互影响，互为因果。如肾阴不足，亦可引起肝阴不足，若“水不涵木”即可导致肝阳偏亢；反之肝血不足也可导致肾精亏损，肝火过盛也可下劫肾阴，而形成肾阴不足的病理变化。在妇科疾病中，经、带、胎、产、乳、杂诸多病症，皆可因肝肾失调而引起。由此可见“肝肾学说”在中医妇科中占有的重要地位。韩百灵每每临证，对凡由肝肾阴虚所引起的诸多病证，均以滋补肝肾为主，提出“养肾之阴，敛肝之阳，壮水之主，以制阳光”的根本法则。

韩百灵在妇科疾病的辨治中突出“同因异病，异病同治”的学术思想，启蒙于《金匮要略》，受学于名医王化三。韩百灵认为，疾病的发生和发展、治疗和转归是相互联系的，是变化的，而不是孤立的、静止的，二者是对立统一的整体。同中有别，注意个性；异中求同，寻其共性，这恰恰是中医辨证论治的独到之处。他认为，中医证候虽千变万化，但总有规律可循。妇女在生理上，因经、孕、产、乳数伤于血，在病理上也就容易产生“气血两虚”。在七情方面，女子性多忧思，情志不遂，气机不畅，气病及血，易致“气滞血瘀”。脾为后天气血生化之源，肾为先天，内寄真火，气血不足，命火虚衰，则导致“脾肾阳虚”。肝藏血，肾藏精，精血亏耗，则多有“肝肾阴虚”发生。以上四者，皆可表现在妇女生命活动的各个阶段，而导致妇科各种疾病。因此韩百灵提出了妇科“肝肾阴虚”、“脾肾阳虚”、“气虚血虚”、“气滞血瘀”的“同因异病，异病同治”理论，以指导临床实践，并自拟“百灵育阴汤”、“补阳益气汤”、“益气养血汤”、“调气活血汤”四则，且每一方于加减变化之中，用于治疗妇科诸多疾病而收到满意疗效。

总之，韩百灵所发挥的“肝肾学说”理论，熔辨证论治和临床于一炉，自成体系，形成了独树一帜的学术风格，为丰富中医妇科理论、规范中医证治类型开辟了新的领域。

著述不辍　老而弥坚

韩百灵对古典医籍、当代医著博览酌取，并总结前人和自己多年的临床经验，撰写或主编了《百灵妇科》、《中医妇产科学》、《中西医结合妇产科防护学》、《百灵论文集》等十几部著作，共有数百万字。其中，《百灵妇科》被中医工作者誉为中医妇科临床指南，书中收录韩百灵验方40余首，具有宝贵的学术价值。《百灵论文集》中收入了多年来他在国内各级杂志上发表的论文30余篇，其中，《崩漏症分型和治疗》、《肝肾阴虚、脾肾阳虚、气虚血虚、气滞血瘀“同因异病，异病同治”的临床体会》、《不孕症的辨证与治疗》、《习惯性流产辨证施治》等都具有较高的学术水平和临床指导意义，得到国内中医名家很高的评价。如浙江中医药大学著名教授何任曾对《百灵论文集》评价云：集理论探讨者，多列章经文，揭其精义，纵论并发挥，所谓知其要者，一言而终也。其于阐析疾病方面者，则型类栉比，条明缕清，楚楚可观，引用文献也确凿有据。其于释述新义方面者，既不泥惑于古亦不附会于今，无所偏倚，不落旧注窠臼，然内容瀚广精深，自非一般泛泛言者可比。

在临床上，韩百灵创制的育阴止崩汤、调肝汤、调气活血汤、益气扶阳汤、止血灵、保胎灵等 50 余首验方，被中医妇科医生广为应用，造福于民。

由于韩百灵的努力和贡献，由他一手创立的黑龙江中医药大学中医妇科学学科在近半个世纪的建设期间承担了大量科研课题，其中国际合作项目 3 项、国家级课题 5 项、省（部）

级 8 项、厅局级 29 项、校级 10 项，科研成果获得省（部）级科技进步奖多项，厅局级科技进步奖 27 项，省级教学成果一等奖 2 项、二等奖 1 项。其间发表论文 372 篇，SCI 收录 12 篇；主编或参编专科、本科、七年制规划教材多部，教学辅导丛书 5 部。1977 年，韩百灵成为全国首批中医界教授；1979 年，该中医妇科学学科获首批硕士授予权，1983 年，获首批博士授予权，韩百灵成为中医妇科博士研究生导师；同年，韩百灵被确定为国家级重点学科学术带头人，国家投资 2500 万元作为医院建设资金和科研资金，不仅促进了学科的发展，推动了全院的医疗、科研、教学工作，同时也为医院赢得了荣誉；1986 年，科研项目“血瘀型功血的临床与实验研究”在国家“七五”攻关科研项目中一举中标；1989 年，该中医妇科学学科被教育部确定为首批国家级重点学科；1991 年，韩百灵被遴选为全国首批老中医药专家学术经验继承工作指导老师；1993 年，该中医妇科学学科被评为国家中医药管理局首批局级重点学科；2003 年，该学科实验室被国家中医药管理局批准为中药药理（妇科）三级实验室。由于韩百灵的学术地位和培养继承人的作用，黑龙江中医药大学附属医院妇科已成为全国中医妇科师资资格培训基地和全国重点专科建设单位。“中医妇科学”2005 年被黑龙江省教委评为省级精品课程，2009 年又被评为国家级精品课程。

该学科的临床妇产科 2002 年 1 月被国家中医药管理局正式批准为“妇产科重点专科”后，确立了以中医药为主、中西医结合治疗不孕症及其相关疾病多囊卵巢综合征、盆腔炎、子宫内膜异位症的专病研究方向。因对不孕症、慢性盆腔炎、子宫内膜异位症、多囊卵巢综合征等常见疑难病的诊治“医疗特色”明显，故吸引了大量国内外患者就诊。与此同时，研制了调经助孕冲剂、育阴灵等制剂 13 种，用于临床取得了良好疗效，充分体现了中医妇科学治疗疾病的优势和特色。育阴灵冲剂的研究于 2003 年获黑龙江省中医药科技进步成果奖。

自 1983 年起，70 多岁的韩百灵在诊余之时进行了计算机专家诊疗系统的开发，将其诊治“崩漏”、“不孕”的经验输入电子计算机，为千百万患者解除了疾病之苦。1984 年，他的“计算机仿真韩百灵教授诊治妇女不孕症程序的研究”荣获黑龙江省卫生厅卫生科技进步三等奖；1987 年，“计算机仿真韩百灵教授诊治妇女崩漏程序的研究”获黑龙江省人民政府科学技术进步四等奖。“七五”期间，韩百灵已年近八旬，仍带领科研小组进行“补肾活血法治疗肾虚血瘀型无排卵型功血的临床与实验研究”的课题设计，该课题一举中标，于 1993 年获黑龙江省科学技术进步四等奖、黑龙江省中医管理局科技进步二等奖。1989 年，韩百灵的“因材施教在研究生中的创新与应用”获黑龙江省优秀教学成果一等奖。由于韩百灵在医、教、研工作中的杰出贡献，在他从医 65 年之际，黑龙江省教育委员会授予他“中医学家、教育学家”的光荣称号。

1978 年 3 月韩百灵出席了全国科学大会。1981 年赴日本进行学术考察。他的医术和学术成就在国内外都有较大的影响，英、美及东南亚一些国家多次来函约稿并聘请他进行学术讲座。其医术专长、学术思想和事迹分别编入《中国现代百名中医临床家丛书》、《中医当代妇科八大家》、哈尔滨市《道外区志》、《中医妇科名家医著医案导读》等国内外的许多书籍和辞典之中。在诊治中，韩百灵从不拘泥古方，而且灵活运用四诊八纲（寒热、虚实、阴阳、表里）辨证施治，据证加减变化。

在医学著作中，韩百灵毫无保留地将自己的医疗经验介绍出来，如运用逍遥散加减变化治疗 22 种妇科疾病就是一例。月经提前、月经过多、崩漏等多为性躁多怒、肝郁化热、热灼胞脉而致，一般症状为头眩心烦，口苦咽干，舌红苔黄，脉弦而数，以此方减煨姜加丹皮、栀子、黄芩、生地以清热凉血。如月经不按周期淋沥不断，或突然大下者加炒地榆、侧柏炭以凉血止崩。经期吐血、衄血乃肝火犯肺、热伤肺络而致，其临床表现为气促、胸胁胀闷、咽干便秘、颧赤、脉弦滑数，以此方减煨姜，加茅根、小蓟、大黄以清热降逆止血。肝热冲气上逆，致使阳明胃热而乳汁自出，或流血乳，以此方减煨姜，加生石膏、大黄以清热降逆凉血。妊娠呕吐乃是肝气上逆、胃失和降而致，临床表现为呕吐苦酸、胸闷心烦、咽干口苦、便秘、脉弦滑数，以此方减炮姜、甘草，加黄芩、芦根、大黄以清热降逆止呕。产后胁痛乃肝失条达、疏泄失职所致，其表现为胁下胀痛，或刺痛不得转侧，气促，脉弦有力，以此方加郁金、延胡索调肝理气而除胁痛。肝积乃思虑过多，肝气郁结，疏泄失司，气、血、痰、食聚积而致，表现为胁下硬满拒按，胸闷呃逆，饮食欠佳，气促，脉弦滑有力，以此方加三棱、莪术、川楝子、鳖甲以消积而通行气血。韩百灵持一方加减变化通治妇科多种疾患，灵活自如而有法度。他通过著作将自己的经验传给了后辈。

百岁名医　益寿延年

在韩百灵从医的80多个春秋中，教授过多少学生，治愈了多少病人，帮助过多少贫病交加的人，谁也说不清楚，韩百灵自己更是记不清了。他总说“医乃仁术”，“救死扶伤，发扬人道主义是一个医生的分内己任”。从他的历史资料、他的医学论著、他的获奖证书、他的来信、他的照片、他的诗作中，尤其是他书房中那些书写着诸如“精诚自有回春手，恩泽万千种杏人”的众多条幅中，人们可以体会到“种杏人”与众不同的人生境界，这也是他用心血、汗水、理想、追求谱写的人生真实的写照。

据韩百灵的学生和同事讲，韩百灵为人聪

慧、勤勉，加之多年的积累和心悟，所以治病疗效卓著，但他的久负盛名还有一个原因，就是心地善良。韩百灵也反复强调，自己最看不得病人流眼泪，所以早年为患者垫钱买药是常事，患者的痛楚也是韩百灵诊余多悟的不竭动力。在韩百灵多年行医过程中，很多农村贫困患者慕名登门求治，他从不拒绝，而且常常免费为其治疗。临证几十年，只要患者有求，他都亲自往诊。

患病之人，总渴望名医手到病除。韩百灵十分理解患者的心情，他耐心解除患者的疑虑。患者们说："这老爷子挺亲切，还没吃他的药，病就好了一半。""病"和"穷"常常是连在一起的。有的人有钱看病却没钱拿药，遇到这种情况，他总是解囊相助，病人还与不还，他也不放在心上。人得病没有准时候，不管白天黑夜、节日假期、刮风下雨，只要有患者求诊，韩百灵都是热情接待，认真诊治，遇有疑难病症，更是用心思索，以最便宜的药、最好的方法予以医治。

行医多年，韩百灵谨记“救病人于危难乃医者之天职”。1950 年，一位农家妇女领着孩子来看病。他为其诊病开方后见农妇面有难色，就问她有什么困难。农妇说：“患病多年，无钱就医，今天抓几只自养的鸡雏，想到集市上卖了，才有看病买药钱，可孩子淘气，掀开筐帘，放跑了几只小鸡。如今只有看病钱，没有买药钱，看病也是白看。”听完农妇的诉说，韩百灵很是同情，就送上几元钱，让其取药，这位妇女十分感动。

生儿育女牵动着人们的喜怒哀乐、安危祸福。婚后不孕、滑胎等是女性的常见病、多发病，韩百灵接诊这方面的求医者，对她们几乎倾注了自己的全部心血和深情。夜深人静，他常翻阅全国各地的来信，“聆听”妇女婚后数年、十几年不孕，经过医治已生儿养女的喜悦心声，也体味着不孕或流产妇女的悲哀心境。

1986年夏，韩百灵收到江苏省海安县妇女江某的一封来信。信中除求医外，还叙述了她因为婚后数年不孕，受到丈夫虐待以至被逼迫离婚的苦难遭遇。韩百灵读信后很是激愤。他请学生给江某复信，予以安慰，同时又给江苏省妇联写信，请妇联为江某伸张正义。10月初，江某回信，她对韩百灵说：您老人家是位威望很高的老中医，为治愈不孕者花费了多少心血啊！在百忙之中，您老对一个千里之外的陌生人如此关心、同情，而且还为我伸张正义，当我看到这一切的时候，老人家，我再也无法控制自己的感情，像一个荒凉原野中的孤儿遇见了亲人一样，放声大哭……

每年，韩百灵都会收到许多全国各地寄来的求医信，对此他总是认真阅读，或亲自复信，或请学生代笔给患者处方，约定出诊时间，告诉来哈路线。这都是他高尚医德的真实体现。

在同事眼里，韩百灵是位没有架子的名教授。“1981年我刚到医院上班，那时，韩百灵教授是我们妇科的主任，却一点架子都没有。”黑龙江中医药大学附属第一医院妇科主管护师王胜华回忆说：“在我们医院里，韩百灵可称得上是一位德高望重的专家、学者。但是，我与他共事这么多年，他一丁点儿架子也没有。”曾任黑龙江中医药大学党委委员、附属医院党委书记82岁的李世恩说：“通过与韩百灵的接触，我们成了无话不谈的好朋友。与韩百灵聊天，你会发觉他是一个非常随和、谦虚的人。这样的人，不但同事愿意与他合作，就连他所带的学生也非常亲近他、尊敬他。”

韩百灵成功治愈日本友人坂本志计子的不孕症，全国有几十家新闻单位报道了此事，中央新闻电影制片厂还拍了电影，韩百灵因此驰名中外，国内国外许多患了不孕症的夫妇纷纷给他写信，寻求医治的方药。虽然他每天都要授课、出诊、带研究生，工作确实繁忙，但是望着这些从四面八方飞来的渴求治疗的信件，如同望着一双双渴求的眼睛。他在夜阑人静的时候，反复读着每封信里对病情的叙述，然后逐个作出诊断，开出方药。在不到1年的时间里，他给素不相识的患者寄出500多封信。

中医最注意养生保健，《黄帝内经》即有“上工不治已病，治未病”之言。已是期颐之年的韩百灵仍身子骨硬朗，虽听力较差，视力因几年前患了白内障而略有减退，但眼神仍然明亮，头脑清晰，家里来了客人，或者儿孙们回家了，他都像孩子一样高兴地与他们寒暄、聊天，还经常给人家把脉，并谆谆告诫注意事项。

“心底无私天地宽，精神爽朗力量添。”他常说，一个人光光地来到世界上，又光光地离去，名利都是身外物，只有为人民努力工作才是生活的目的。因此，在几十年的生活历程中，他从不去谋官职、营私利，而是勤勤恳恳、兢兢业业地为患者诊病治病。他常说，为人处世要胸襟宽广，若心胸狭窄，斤斤计较功名得失，难免会引起精神抑郁，情志失调，降低身体的抵抗能力而诱发疾病。就是在身处逆境的时候，他仍豁达处事，热心为群众治病，或奋力写作，整理经验，从不抱怨环境、抱怨命运。他能够以平常心态接受现实生活，在回忆过往时，也能以包容的心态笑泯恩仇。

韩百灵在临床、教学和科研一线工作到90多岁，直到2003年冬天才被儿女力劝回家。很多人见韩百灵长寿，便询问长寿之道，他向人们传授他的养生方法，即养生延年九招46字：①饮食有节；②劳逸结合；③注意情绪调节；④注重环境变换；⑤保持思维灵活；⑥坚持眼部保养；⑦调整呼吸；⑧注意气候变化；⑨适当运动。韩百灵遵循《黄帝内经》“食饮有节，起居有常，不妄作劳”的经旨，身体力行。生活中，他极少饮酒，90多岁时又戒了烟。其日常三餐以五谷杂粮、荤素搭配、五味适宜为原则。每餐不过饥过饱，所爱食物亦不超过八分饱。对于厚味，如牛、羊、猪肉，喝汤多而食肉少。对于鸡、鱼、虾等，虽喜食而不多进，且很少给自己配制什么“独门补药”吃。

劳逸结合是他养生的重要内容。“勤劳可得安身处，心旷神怡保安康。”韩百灵在青少年时代就养成了勤劳的习惯。奋发刻苦，朝夕攻读，几十年如一日，耄耋之年仍鸡鸣灯影，起早贪晚，孜孜以求，勤奋不止地学习。

他在80多岁高龄时，仍坚持散步，打扫室内卫生，种花养鱼，做些力所能及的事情。同时，他还要应酬许多社会活动，培养博士研究生，查房处理病例。每周两次出专家门诊，并带徒授课。

晚年的韩百灵作息非常有规律，春、夏季节早五时起床（秋、冬则七时起床）。首先打开窗门，深深吸入外界的清气，缓缓呼出体内的浊气，这种吐故纳新能增强肺的功能，防止邪从外侵。然后站在封闭的阳台上活动肢体，眼观八方，使眼珠上下左右转动10分钟，再闭目深呼吸10分钟，并用手指按摩两耳10分钟。早餐后休息半小时，开始日常工作。在工作中，稍感疲倦即暂停，稍事休息再继续工作。午饭后卧床休息一小时，再进行日常工作。每天保证8小时的睡眠。每晚睡前用热水泡脚，促使局部血液循环。因为北方天气寒冷，他还特别强调要及时增减衣被，保养正气。

所谓注重环境的变换，是因为韩百灵喜欢变换家里的家具摆设。他认为变一次摆设，就变一次环境，也变一次心境。

曾经有人问过韩百灵的养生秘诀，韩百灵说："归纳为一句话，就是'刻意保护精、气、神'。"保精，要节房事，节欲望。保气，就要坚持练气，每日临起床前空腹仰卧，做腹部筛式运动20分钟，以使气海、丹田真气充沛。起床后到户外做深呼吸运动20分钟，常言说要吐故纳新，增加肺活量。保神，尤为紧要。注意预防情志疾患，保持精神愉快。过度思虑则气机郁结，过度恼怒易气机逆乱。要心绪有常，大小事不扰乱方寸。让烦恼和不快留给已经过去的昨天，用微笑迎接初升的太阳，度过愉快的今天。要做到这一点，就要提高自己的修养。常言说，要有健康的身体，首先要有健康的思想。

修养就是志趣。韩百灵爱好广泛，书法、诗词颇有功底。《韩百灵诗集》中汇集了他几十年来的大量诗作，有歌颂农村面貌、社会变化、重大历史事件的，还有相当一部分是咏颂党的领导和壮丽的大好河山的。

比如，1964年9月参观五常河作登山感怀一首：

此地山河秀，高峰白云间。

绿柳垂河旁，青松漫山岩。

1981年出国访日感怀一首新诗：

云锁高峰瀑布长流，
青松白雪鸟兽群鸣。
雾蒙蒙雨纷纷，时有阴晴，
湖泊、浪涌，一望无穷。
访日团乘车绕山越岭，
一路上满怀喜悦心情。

在生活中，韩百灵有一位相濡以沫的老伴，几十年来，他们相敬如宾。老伴操持家务，井井有条。节假日，全家聚在一起，儿孙绕膝承欢，其乐融融。

在家教方面，韩百灵注意品德教育，身教重于言教。在其子女中，长女延春是黑龙江中医药大学附属医院儿科主任；四女延华是黑龙江省名中医，黑龙江中医药大学妇产科教授，研究生导师；次子延博是中医妇科副教授。姐弟三人很早就随父侍诊，继承了父亲的妇儿科临床经验。父母是子女的家庭教师，“养不教，父之过”，父母的言行对子女具有潜移默化的作用。所以他和老伴非常注意对子女的教育。当孩子懂事后，他常讲古今著名人物勤奋好学、艰苦奋斗的感人事迹；孩子们工作以后，常对他们讲要坚守岗位，尽职尽责，生活上保持艰苦朴素，粗茶淡饭，不可求荣华富贵，贪图安逸享受。如今他的儿女们都已成为国家的有用人才。

韩百灵经历了清朝、中华民国和中华人民共和国三个历史时期；从坐堂先生到一代名医，从自办诊所到大学教授，再到妇科大家。这是一代老中医的人生缩影，也记载着近百年中国中医药事业的发展历程。

2007 年 9 月 28 日，在韩百灵从医执教 80 周年纪念日及百岁华诞之时，全国政协副主席周铁农亲笔为其题词：“百岁名医，千秋楷模”；卫生部副部长、国家中医药管理局局长王国强也亲书：“悬壶济世八十春，哺育桃李千万人”；

中国中医科学院院长曹洪欣亦送上美好祝词："天增岁月长青柏，春满乾坤鹤延龄"；中国中医科学院王永炎院士贺韩百灵为"苍生大医，吾辈良师"；教育部高教司副司长石鹏建贺词道："韩百灵老人从医执教的八十年，是救死扶伤的八十年，是无私奉献的八十年，是探索创新的八十年，是硕果累累的八十年"。

2010 年 4 月 24 日，一代"国医楷模"韩百灵因病逝世，享年 102 岁。

（撰稿人　红　柳　韩延华）

《中华中医昆仑》丛书150位医家名录

（按生年排序）

张锡纯	丁甘仁	萧龙友	王朴诚	恽铁樵
曹炳章	冉雪峰	谢　观	施今墨	汪逢春
孔伯华	黄竹斋	吴佩衡	蒲辅周	陈邦贤
李翰卿	李斯炽	姚国美	陆渊雷	张泽生
时逸人	张梦侬	叶橘泉	王聘贤	陈慎吾
邹云翔	赵炳南	承淡安	余无言	刘惠民
岳美中	沈仲圭	秦伯未	赵锡武	韦文贵
程门雪	黄文东	赵心波	董廷瑶	吴考槃
章次公	石筱山	陆南山	张赞臣	李聪甫
刘绍武	陈存仁	朱仁康	陆瘦燕	姜春华
韩百灵	高仲山	李克绍	王鹏飞	刘春圃
金寿山	哈荔田	何世英	周凤梧	干祖望
关幼波	王为兰	任应秋	罗元恺	祝谌予
杨医亚	郭士魁	何时希	耿鉴庭	俞慎初

裘沛然	顾伯华	江育仁	邓铁涛	门纯德
刘渡舟	尚天裕	朱良春	李玉奇	程士德
尚志钧	赵绍琴	董建华	米伯让	李辅仁
张珍玉	班秀文	颜正华	于己百	颜德馨
路志正	方药中	王乐匋	黄星垣	谢海洲
余桂清	何　任	王子瑜	程莘农	陈彤云
焦树德	张作舟	张　琪	李寿山	张镜人
王绵之	方和谦	印会河	王玉川	蔡小荪
李振华	马继兴	王嘉麟	宋祚民	刘弼臣
王雪苔	刘志明	吴咸中	李今庸	任继学
裴学义	王宝恩	周霭祥	贺普仁	唐由之
赵冠英	许润三	金世元	陆广莘	刘柏龄
徐景藩	吉良晨	吴定寰	沈自尹	王孝涛
张灿玾	周仲瑛	强巴赤列	张代钊	李经纬
郭维淮	柴松岩	苏荣扎布	陈可冀	李济仁
夏桂成	郭子光	巴黑·玉素甫	张学文	陈介甫